Silencio extraño de verano

Este libro ha sido impreso con papel procedente de fuentes sostenibles.

https://lasturaediciones.com
info@lasturaediciones.com

Colección Apuntador N.º 15
Dirige la colección: Miguel Ángel Mañas

Editado en Madrid, España

Primera edición: febrero, 2025

D.L.: M-1496-2025
ISBN: 978-84-129488-4-4

Impreso en Antequera, Málaga
Printed in Spain

Miguel Ángel Mañas

SILENCIO EXTRAÑO DE VERANO

Todos tenemos un hogar, y siempre es ahí donde las cosas van mal.

Philip Roth

UN DESAFÍO A LA NARRATIVA DE LA VÍCTIMA PERFECTA

Irene Herrero Miguel

En el horizonte de las palabras, donde los silencios cobran vida, Miguel Ángel Mañas captura con precisión las fisuras de nuestra sociedad y construye con maestría un escenario para nuestra vulnerabilidad. *Silencio extraño de verano* es un espejo incómodo que nos enfrenta a nuestras sombras más profundas, a los susurros de nuestros miedos y a las preguntas que evitamos responder. Mañas bucea entre los engranajes de un sistema heteropatriarcal que perpetúa la opresión y el sufrimiento, exponiendo con crudeza los mecanismos invisibles de un orden que, en su aparente normalidad, engendra violencia.

Esta obra nos sitúa en el corazón de un drama íntimo y social: una familia rota por el eco de una agresión, atrapada en un entorno que no sabe cómo acompañar a las víctimas ni ofrecer herramientas para su defensa. En este contexto, Mañas explora, ya desde el título de la pieza, el concepto de silencio ensordecedor. Con esta paradoja el autor otorga una presencia atronadora a las cosas que no decimos. Este silencio no solo se cierne sobre los personajes, sino que los ahoga; es el caldo de cultivo en el que el patriarcado, como otras opresiones, florece y perpetúa su dominio.

En el centro de la trama se encuentra Blanca, un personaje que, a pesar del significado de su nombre, rompe con la representación convencional de las víctimas. Lejos de ser presentada como una figura unidimensional, Mañas le otorga voz propia, desvelando sus contradicciones y sombras. Blanca se mueve en un filo constante, luchando contra sí misma y contra su entorno. Su narración revela una complejidad emocional donde se cruzan el miedo, la rabia, la culpa y la resistencia, recordándonos que ser víctima no implica pasividad ni pureza moral. Blanca no solo intenta sobrevivir a la violencia que la atraviesa, sino que también la confronta desde sus propias grietas, convirtiéndose en un reflejo incómodo de la lucha por la agencia dentro de un sistema opresor.

En la historia de Blanca, Mañas también toca una cuestión crucial: la forma en que la sociedad, los medios de comunicación y las instituciones nos exigen un comportamiento específico de las víctimas de violencia de género. Ahora que las mujeres hemos logrado levantar la voz y, poco a poco, estamos desarrollando como sociedad una mirada crítica sobre la realidad que nos permite detectar agresiones que antes pasaban desapercibidas, resulta grotesco que, de repente, el verdadero desafío radique en lo que decimos y cómo lo decimos. Frente a una actualidad aterradora que nos abruma diariamente con lo que considero es terrorismo machista, la conversación a menudo se centra en si una mujer ha logrado rehacer su vida tras sufrir una violación, si sonríe en las fotos, si fue capaz de escapar de una habitación, si no denunció en su momento, o si elige contar lo que vivió en televisión o redes sociales. Esta presión para "hacer las cosas bien", para ser una "buena chica" –una víctima que sigue el guion– es un tema que Mañas explora de forma lúcida y pertinente en la obra. A las mujeres siempre se nos enseña a ser lo que se espera de nosotras: educadas, tranquilas, controladas. Y, sin embargo, cuando la violencia llega, se nos exige también una fórmula para reaccionar, una "fórmula" para ser la víctima perfecta. El autor cuestiona esa expectativa y nos muestra cómo, en una sociedad patriarcal, parece existir una única manera aceptable de ser víctima, una forma idealizada de reaccionar ante una agresión machista, como si hubiera una respuesta adecuada, predecible y completamente racional a un trauma tan desgarrador.

Como en otras de sus creaciones, en *Silencio extraño de verano*, Miguel Ángel Mañas traza paisajes desoladores donde sus personajes, perdidos en la vastedad de sus propios mundos, buscan, sin rumbo fijo, una chispa de sentido y orientación. Como ya hacía en *La noche de las almas abiertas*, el autor opta por construir personajes sin nombre, una suerte de figuras genéricas que no representan individuos específicos, sino roles arquetípicos dentro de una sociedad. Estos personajes son sujetos atrapados en un sistema opresivo, el producto de un existir colectivo fallido, donde la lucha por sobrevivir se convierte en una herida compartida.

La historia transcurre entre varios niveles narrativos que dialogan y se contradicen: la perspectiva íntima y desgarradora de la protagonista, la mirada de un entorno familiar inestable y marcado, la de la madre enajenada del agresor y la de una sociedad cómplice. Mañas desvela con maestría cómo los agresores machistas no son anomalías o individuos enfermos, sino productos sanos de una sociedad enferma. Como señala la obra, el patriarcado no perdona cuando una mujer se revuelve contra su opresor; es el propio sistema el que se defiende y arremete con toda su fuerza, dispuesto a destruir a quien lo desafía reproduciendo las mismas fórmulas generación tras generación. En este proceso, se pone en evidencia cómo, tras siglos de silencio, la voz de las mujeres no solo incomoda, sino que complejiza las narrativas preestablecidas, desestabilizando el orden social y revelando su inherente crueldad.

Mañas articula este conflicto mediante una cotidianidad inquietante, donde lo trivial –las recetas de cocina, los diagnósticos médicos, las rutinas familiares– se entremezcla con la violencia. Como un ingrediente más en la sopa diaria, la agresión y la opresión se integran en la vida de los personajes, reflejando la naturalización de la injusticia. Este paralelismo es demoledor: el padre, médico capaz de diagnosticar y curar cuerpos enfermos, se enfrenta a la imposibilidad de sanar a una familia y a una sociedad igualmente corroídas. A través de este personaje, Mañas sugiere la ironía amarga de una cultura que produce profesionales brillantes para sanar heridas físicas, pero carece de herramientas para reparar las fracturas sociales que ella misma ha generado.

En este escenario, los relatos se convierten en un refugio y un arma. Mañas, consciente de que las historias nos construyen desde la infancia, incorpora una mitología propia dentro de la narrativa familiar: una fábula protagonizada por una princesa que resuena como símbolo de la fragilidad y la opresión femenina, pero también como reflejo de las narrativas que nos atan. La princesa atrapada en una torre es tanto un eco de los cuentos que escuchamos de niños como una metáfora de las estructuras patriarcales que seguimos habitando. La obra sugiere que estas narraciones, que inicialmente conforman nuestra identidad, también pueden encarcelarnos en relaciones y dinámicas opresivas.

Casi 150 años después de que la Nora de Ibsen diera su portazo final, el teatro sigue siendo todavía una herramienta necesaria para escuchar el silencio de las mujeres, un silencio que sigue escondiendo violencias, opresiones y luchas que aún esperan ser plenamente reconocidas y transformadas. Con una escritura brillante y una sensibilidad que traspasa los límites de lo íntimo y lo político, Miguel Ángel Mañas nos entrega una obra imprescindible. Adentrarse en *Silencio extraño de verano* es aceptar el reto de enfrentarnos a nosotros mismos y a las narrativas que nos definen, para, quizás, encontrar formas de cambiarlas.

SILENCIO DEFINITIVO

María Pérez Collados

Silencio.

El silencio puede llegar a ser una trampa, Ella.

Silencio.
Habitamos el silencio.
Nosotras, invisibles por los siglos de los siglos, escribió la poeta Marta Navarro.
Nosotras por los siglos de los siglos vestidas, cubiertas, encerradas en silencio.
El silencio es una trampa, un invierno que no termina nunca.
Debajo del silencio murmullos, manos, palabras.
Este invierno de silencio es interminable.
Mientras escribo este prólogo se desconoce el paradero de la cantante iraní Parastoo Ahmadi. Parastoo ha ofrecido un concierto online acompañada de sus músicos sin el obligatorio hiyab y mostrando sus hombros y espalda. *Soy la chica que no puede estar callada,* ha manifestado Parastoo.
Silencio.
En Irán las autoridades planean abrir centros psiquiátricos específicos para "tratar" a aquellas que desafían la autoridad masculina y la imposición del hiyab.
Parastoo está presa, como la premio Nobel de la paz Narges Mohammadi, como lo estuvo la activista Nasrin Sotoudeth.
No sabemos su paradero, ni las consecuencias de su detención.
Opresión. Silencio.

Desde el regreso al poder de los talibanes en 2021, en Afganistán las mujeres tienen –tenemos– prohibido estudiar, cantar, reír, hablar entre nosotras. En una escalada delirante y feroz parecería que en cualquier instante van a impedirnos respirar. *He perdido mi identidad pero no he perdido la esperanza,* afirma la escritora y activista afgana Fawzia Koofi. *El mundo nos ha dejado solas en nuestra lucha*, denuncia Fawzia.
Solas. Silencio.
No salgas a la calle en pantalones. No pienses más que en mí. De monja estarás, encerrada hasta que yo vaya o tú vengas. No sé qué hacer, si amarte o matarte. Son frases extraídas de las cartas enviadas por Octavio Paz –el Nobel, el gran poeta– a su mujer, la escritora Elena Garro.
Violencia. Silencio.
Debajo del silencio miradas, gestos, palabras.
Un pequeño suspiro por aquellas, lejanas y dolientes. Crees que a ti no te alcanzará el invierno ni te herirá el silencio, porque pertenece a otro lugar, a otro tiempo.
Silencio.

Ahora sal de este prólogo, comienza *Silencio extraño de verano.* Blanca podrías ser tú. Ella podrías ser tú. Raquel podrías ser tú. Él podría ser tu hermano, tu amigo.
¿No sientes cómo el silencio te toca el hombro?
¿No sientes cómo te invade el frío de lo inevitable?

En este comprometido texto habla el mundo:
Una puta, eso es lo que es. Se sube a casa con el tipo y luego que si le han pegado, que si la han violado. ¿Qué creías que iba a pasar?

Nagore Laffage fue asesinada el 7 de julio de 2008. Había quedado con su asesino, José Diego Yllanes Vizcay, que cursaba el MIR en psiquiatría en el mismo hospital en el que Nagore hacía sus prácticas de enfermería. Subió a su casa. Él intentó violarla. Ella se defendió. La brutal paliza dejó a Nagore con 36 fracturas y la mandíbula y el cráneo rotos. En el juicio a su madre le preguntaron si su hija era "ligona". Desde 2020 el asesino de Nagore puede trabajar en la sanidad pública.
Silencio.
Debajo del silencio los murmullos son sustituidos por gritos y rabia. Palabras.

En este necesario texto habla Raquel, la madre del maltratador: *Has hecho uso y disfrute de una ley que te ampara por el hecho de ser mujer, pero no hace falta que te diga que hay mujeres que abusan de esa concesión, como tú.*

En 2018 el juez Manuel Piñar acusó a Juana Rivas, a la que juzgaba por sustracción de menores –Juana se negaba a entregar sus hijos a su padre maltratador–, de *explotar el argumento del maltrato.* Cuando en 2021 el tribunal supremo suavizó su condena el mismo juez manifestó que Juana *podría representar un grave peligro para sus hijos.* El pasado 14 de noviembre la fiscalía italiana acusó al ex marido de Juana de maltratarlos. Hemos podido conocer el relato estremecedor de uno de ellos, ya mayor de edad, que describe los abusos sufridos durante este tiempo en el que han sido obligados a vivir con su padre.
Violencia institucional.
Silencio.
Debajo del silencio, nosotras. Nuestros cuerpos, nuestras voces, nuestra realidad. Palabras.

La protagonista de *Silencio extraño de verano* es una víctima de violencia de género. Violencia. Si hubiera habitado el silencio no hubiera ocurrido nada. Pero esta joven, Blanca, decide salir del silencio. Silencio. Al ser agredida se defiende y mata a su agresor, su pareja, el hijo de Raquel. Siete puñaladas mientras él intenta estrangularla.

En este extraordinario texto habla el padre de Blanca. ÉL:

Pero también explicó que Blanca empleó más fuerza de la necesaria.

En 2014 Ana Isabel González –Miss Ana, como llamaban sus alumnos a esta profesora de inglés– fue asesinada por su pareja. Le asestó 30 puñaladas. El juez no consideró que hubiera ensañamiento ya que *él no tuvo intención de causarle tanto dolor.*

Cuesta respirar debajo del silencio. Cuesta no gritar y romper las palabras: ensañamiento, dolor, muerte.

Esta sentencia fue llevada por la familia de Ana al Tribunal Supremo que la modificó entendiendo que sí había existido ensañamiento y por lo tanto aumentó la pena al asesino.

Silencio. Dignidad. Invierno.

Le doy las gracias a Miguel Ángel Mañas por no desviar nunca la mirada.

Habla Blanca:

Un día, de pronto, como una tormenta que no esperas, una discusión sobre cómo iba vestida nos destrozó a los dos. Hubo señales antes, pero cedía a sus deseos. Pero esa vez no estaba dispuesta a permitirlo. Le pregunté si necesitaba saber cuántas veces respiraba al día y su respuesta fue una bofetada que me tiró al suelo. Se me quedó mirando, desconcertado ante su propia acción, pero no por eso dejó de insultarme. Me humilló de tal manera que jamás podré sentirme limpia. No me dejó salir de casa ni usar el teléfono. Llegó la noche. Apenas nos habíamos mirado.

Habla Blanca. Hablan otras. Hablamos nosotras.
Nuestras palabras, nuestras historias van minando el silencio.
Cuesta tanto atravesar el invierno.
Silencio.
La escritora y periodista Cristina Fallarás comenzó en 2018 a combatir el silencio bajo el hashtag cuéntalo. Desde entonces y de forma abrumadora se amontonan en las redes nuestros testimonios. Porque somos nosotras.
Nosotras, por los siglos de los siglos, somos Parastoo, Nerges, Nasrin, Fawzia, Elena, Nagore, Juana, Ana Isabel, Cristina. Nosotras somos Blanca y debemos seguir hablando de forma interminable.
El silencio es un invierno que no acaba nunca. El silencio es un monstruo que se defiende. El silencio es una trampa. Esos miles de testimonios incontestables son atacados de diferentes maneras. Provocan indignación, sobre todo en hombres.
Nosotras sólo queremos construir nuestra historia, una historia de opresión y de violencia en la que somos instruidas desde la infancia.

En este texto imprescindible, habla la madre. Habla Ella:
Como madre se me parte el pecho, pero no hemos sabido educarla. No queríamos hacerle comprender que debía tener miedo, que debía estar alerta; al contrario, nos esmeramos en que supiese en todo momento quién era, que fuese responsable, y que debía ser respetada en todo momento. Pero nos equivocamos. No le enseñamos que tenía que vivir con miedo… eso es lo que el mundo obliga a hacer. No consiente que una mujer avance sola. Un singular combate.

Un singular combate este que hemos emprendido contra el silencio.

Mientras me lees una mujer está siendo sometida a violencia.
En este mismo instante muchas habitan el silencio, el invierno.
Nosotras, por los siglos de los siglos, silenciadas pero despiertas, acosadas pero combatientes, narradas por otros, pero construyendo nuestra historia.
Gracias Miguel Ángel Mañas por estar a nuestro lado.
Hay que seguir hablando de forma interminable.
Silencio.

LA PRINCESA SIN PRÍNCIPE, BUSCA VISUALIZACIONES
(Prólogo y notas de dirección)

Diego Palacio Enríquez

Facebook, Instagram, TikTok, Snapchat, Omegle, Discord, X, Bluesky… ¿Cuánto espacio real ocupan en nuestras vidas?

Ajustes> Tiempo de uso> Actividad de Apps: 5 horas.

Ajustes> Bienestar digital y controles parentales. HOY: 5 horas.

En el 2024 el tiempo de uso del teléfono inteligente está en 4 horas y 45 minutos de media en la población, diríamos que con un alarmante crecimiento en adolescentes que de media alcanzan las 6 horas. Tendencia que se está extendiendo a otros segmentos de población y edad.

Estrenas gorra y al salir de casa tu mejor amigo te dice "qué bien te queda esa gorra", te haces una foto y la subes a tu red social favorita, minutos después, un extraño te escribe un comentario que pone: "Pareces idiotx con esa gorra". ¿Cuál de los dos comentarios recuerdas durante todo el día? Probablemente el segundo, bueno, sin ninguna duda el segundo. ¿Por qué sucede? porque proviene de un extraño, porque proviene de las redes sociales, o quizá porque lo has visto en un pantalla pequeña y brillante que parece que solo te habla a ti. O siendo totalmente sinceros, quizá sea porque lo has (re)leído unas 20 veces en los últimos 15 minutos, grabándotelo a fuego y condenando esa gorra al fondo de tu armario hasta la eternidad, para después proceder a *stalkear* al usuario que te ha insultado durante 3 horas.

Qué valor real tiene lo que se dice, lo que decimos parapetados en el anonimato o en la situación de comodidad que brinda lo digital. Parece ser que su valor es apenas nulo, pero su potencialidad para horadar el ánimo, el pensamiento o el bienestar de las personas es desorbitado.

La no desconexión digital, el no poder cerrar los ojos, porque todo está siempre presente, el pantallismo, y una continua poli recepción de estímulos generan un consumidor que necesita su dosis de serotonina rápida, pero además, impide la desconexión. Cualquiera de las catástrofes que han sido noticia en los últimos años han estado presentes en todos los soportes posibles, desde prensa escrita, hasta artículos diversos en redes, pasando por todo tipo de "productos" generados por creadores de contenido y llegando, por supuesto, hasta los infinitos hilos de comentarios de usuarios que, sin conocimiento real del hecho, se permiten opinar y juzgar. Comentar y monetizar.

Pero *nihil novum sub sole*, dado que estas estrategias se iniciaron en la época dorada de la televisión con la llegada de la "prensa del corazón" y los *reality show*, los escándalos diversos y todo aquello que podía ser mediático, todo lo que no era noticia, pero que lo habían querido hacer noticia, bien por el lucro económico, bien por el azote social, bien como estrategia política. El problema actual es mayor, ahora en el siglo XXI, la sociedad líquida, la necesidad de opinar de todo, y el uso continuado de la posverdad como estrategia habitual de cualquier sistema (no digo medio por si acaso) de comunicación.

En este entorno, donde publicitamos las obras artísticas por Instagram, con el fin de que vengan amigos, conocidos y otros varios a consumirlas, dado que otros medios tradicionales y especializados parecen ignorar todo aquello que no es *mainstream*, es donde Miguel Ángel Mañas sitúa su obra *Silencio extraño de verano*, que lanza una batería de preguntas directas al lector/espectador ¿Cuánto puede llegar a cambiar nuestro pensamiento por la presión externa? ¿Cuánto estamos dispuestos a sacrificar para recuperar nuestra vida? ¿La verdad es la que me ha contado mi ser querido o la que veo en el entorno digital? ¿Puedo rehacer mi vida después de un hecho traumático? ¿Cómo sé quién soy? ¿Sigo siendo la víctima cuando todos los demás me acusan de ser el culpable?

Estas incógnitas son las que me interesaron como creador escénico la primera vez que me acerqué a este texto. Por suerte pude ser lector beta de Miguel Ángel Mañas, de la mayoría de sus textos, y esto me permitió acceder al material cuando estaba recién terminado. Desde su primera versión aparecieron en él las incógnitas ya planteadas, y serían las que se convertirían en el motor necesario para su puesta en escena. En esta obra parecen seis personajes, tres aludidos, Raquel, El novio y Juan, y tres personajes en escena, Padre, Madre y su hija Blanca.

Espero que, siguiendo la lógica, estén ustedes leyendo los prólogos antes que el texto teatral, por lo tanto, intentaré evitar el spoiler, pero disculpen lo que se escape. La obra comienza *in media res,* Blanca ha matado a su novio, cuando éste la agredió violentamente. La madre del fallecido, Raquel, las noticias, el barrio, las RRSS y parece ser que todo el mundo, se debaten entre si ella es víctima o culpable. ¿Es Blanca una psicópata asesina descontrolada, o solo es una chica que se ha defendido con un cuchillo mientras su novio durante once meses intentaba estrangularla? Una parte de la comunidad la defiende, ella es una mujer libre que ha sido agredida, otra parte la condena: "no debería vestirse así", "necesitamos justicia de la buena".

La pregunta es ¿cómo reacciona una familia ante esa presión social? Más allá de si Blanca es o no culpable, cómo reaccionan unos padres que han idealizado el modelo de educación, la crianza, el trabajo y la familia, respondiendo a roles tradicionales de hombre, mujer e hija en una casa con jardín y la realidad que parece clonada de *La pareja perfecta*.

Como director de la obra, quiero dejar a continuación, y por indicación del dramaturgo, unas breves notas de dirección. La propuesta escénica pivota sobre cinco ejes: el texto, los actores, la videoescena, la luz y la música.

El texto de Mañas apenas ha sufrido cambios para la escenificación, tan solo algunos pequeños ajustes necesarios y habituales a la hora de levantar el texto con actores. Una de sus grandes bondades es lo bien que fluye el diálogo, intencionadamente posee momentos narrativos, donde la acción se detiene para configurar tanto la situación y a los personajes con una serie de elementos aparentemente externos, pero necesarios para la comprensión del global del espectáculo.

Los actores, el estreno ha sido realizado con Jesús Bernal (Él/Padre), Inmaculada Oliver (Ella/Madre), Ana Cózar (Blanca) y María Pérez (Raquel). Excelentes actores que han entendido que es una propuesta de espacio vacío, de miradas, de diálogos agudos y certeros, de gestos, de muchas pequeñas acciones y en el caso de Blanca, de una combinación de códigos interpretativos, el naturalista y el cotidiano que la actriz debe gestionar y alternar cambiando en segundos de uno a otro.

La videoescena tiene varios niveles y está compuesta por diferentes elementos, desde textos cinético, hasta fotografías antiguas de los personajes, pero el que más destaca es la inclusión del personaje de Raquel, convertida en lo que denominamos personaje videoescénico puro, dado que solo aparece ante el espectador en soporte vídeo, tanto en sus monólogos como en diferentes interacciones con los personajes que sí están en vivo. El trabajo con la actriz, María Pérez, ha sido delicioso, un proceso de rodaje estupendo para conseguir unas tomas magníficas que se han insertado perfectamente durante el proceso de ensayo con los otros tres actores.

Este espacio vacío es el que nos abre la puerta a los otros dos pivotes esenciales de la propuesta, la iluminación y el diseño de sonido. La iluminación es arriesgada, en esta ocasión, apenas presenta colores y se centra en el contraste este zonas oscuras y zonas iluminadas. Como funciones principales del diseño de iluminación están configurar espacios íntimos, atmósferas opresivas, guiar la mirada del espectador y situarlo ante qué código es el siguiente que debe descifrar, lo naturalista y dramático de los padres o lo cotidiano y la ironía de un *nopersonajedeblanca* que parodia los relatos poéticos de su Madre y evidencia cómo la Madre quiere sacar rédito de la desgracia de su familia, escribir el libro de su vida, vemos aquí cómo se unen dramatúrgica y plásticamente la propuesta de sentido con el diseño de iluminación y con la videoescena.

Finalmente, la música de Luis Villafañe, compositor habitual con el que he trabajado en ya una gran cantidad de espectáculos y con el que establecemos un sistema de trabajo y una comprensión de todo lo sonoro que nos permite hablar desde un lenguaje común, muy pegado a lo cinematográfico y que consiste en desmenuzar: qué queremos contar, qué emoción queremos transmitir, qué referentes tenemos y qué función tiene la música (o lo sonoro) en este momento concreto de la obra. En cada montaje nos arriesgamos un poco más, quizá este *Silencio extraño de verano* haya sido uno de los más osados, pero el resultado es simplemente espectacular, la música de Villafañe nos sitúa en el punto exacto de la obra, en el código, el momento y el espacio emocional que necesitamos, sin caer en obviedades o en subrayados innecesarios.

Una tragedia contemporánea (muy contemporánea) de Miguel Ángel Mañas, un texto cargado de narratividad, sin perder teatralidad, gracias a la proliferación de diálogos que fluyen velozmente, con momentos salpicados de lírica y poesía. *Silencio extraño de verano* a simple vista, parece que es la historia de Blanca, una chica que se defendió de una agresión matando a su novio, lo que afectó a la familia y terminó con la unión familiar. Pero es mucho más profundo, nosotros queremos contar la historia de un sacrificio. Cómo los padres dudan de la inocencia de su hija, hasta que llegan a sacrificarla, a entregarla, a declararla culpable, sucumbiendo ante el sometimiento mediático con el fin de poder salvarse ellos, poder recuperar la normalidad:

ELLA.- Creo que lo más justo es que Blanca sea declarada culpable.

¿Es lo más justo para Blanca, para el muerto, para la madre del muerto, o para unos padres que ansían normalidad y falso anonimato? Es lo más justo para satisfacer una sociedad enferma que, lejos de querer recuperarse de la adicción a la sangre, quiere quemar una truculenta historia para pasar a la siguiente ¿qué tocará ahora?, ¿quién será la víctima/culpable del próximo mes? Cuidado, podemos ser cualquiera de nosotros.

Mantén pulsada la app en la pantalla de inicio, toca "Eliminar app" y, a continuación, toca "Eliminar de la pantalla..."

Presiona Administrar dispositivo y apps. Administrar >Selecciona el nombre de la app que quieres borrar >Presiona Desinstalar…

***

Silencio extraño de verano se estrenó en Teatro del Mercado de Zaragoza, los días 9, 10, 11 y 12 de enero de 2025.

Texto: Miguel Ángel Mañas

Intérpretes: Jesús Bernal, Inmaculada Oliver, Ana Cózar y María Pérez

Música: Luis Villafañe

Vestuario: Paloma Molino

Dirección, videoescena e iluminación: Diego Palacio Enríquez

BLANCA
ELLA
ÉL

Las *cursivas* indican otras voces, lecturas de textos o acotaciones.

1
JUNTOS

ELLA: Dejar que todo pase. Es la mejor opción. El tiempo es la mejor alternativa. Llegará un momento en que nadie recordará lo sucedido. Ahora hay que esperar; tener paciencia, no dejarse arrastrar por la desesperación. No debemos mirar con desafío y tampoco con miedo. Simplemente mirar. Así nadie podrá atacarnos más de lo necesario. Porque nos van a atacar. Nos van a traspasar a cuchillo cada vez que nos crucemos con alguien. La gente enseguida se suma a la indignación, aunque no vaya con ellos. Es la suma de todos contra unos pocos; dan igual los motivos. Seremos el centro de su miedo, de su inseguridad y, lo peor de todo, de su frustración. Ese es el peor veneno. Antes de matarte te da la oportunidad de escupir rabia. Y esa rabia será la que nos irá disolviendo si les dejamos, si no somos fuertes, si no estamos unidos.

ÉL: Pero no podemos hacer como si no hubiese ocurrido nada.

ELLA: Ha pasado, pero lo importante es lo que va a suceder a partir de ahora.

ÉL: Irse es la mejor opción.

ELLA: Irse es admitir que nuestra hija mató a aquel chico.

ÉL: Eso es exactamente lo que ha ocurrido.

ELLA: No hace falta que lo repitas más. Soy consciente de ello, como también de que vivimos rodeados de salvajes.

2
BLANCA

Qué fácil es abrir el corazón y qué difícil cerrarlo. Un instante, solo un instante para que todo entre en él, de golpe, y luego, necesitar media vida para recuperar lo que diste.

De nada me ha servido todo cuanto he leído y escuchado; al final, en última instancia, una es la que decide. Miras al techo en la soledad de tu habitación y tomas las decisiones esperando despertarte sin la sensación de equivocarte, porque tienes derecho a las ilusiones.

Y él era mi ilusión. Me hizo creer que era posible. Me cantaba alguna canción: Le prendí fuego a la lluvia… El resto se lo inventaba.

Le prendí fuego a la lluvia por ti. Por tu cuerpo, por tu alma, por tu vida… Y por cada vez que la cantaba, una parte de mí se iba convirtiendo en lluvia que él después quemaría. Lentamente… lentamente.

No supe, o no quise verlo. A mí no me puede pasar, pensaba mientras lo escuchaba o mientras lo contemplaba cuando él no se daba cuenta. Me fascinaba su manera de moverse, su forma de arquear el cuerpo cuando se tumbaba encima del mío. *Un dibujo perfecto sobre un lienzo enorme, sobre el lienzo de mi vida, arrojado ahora a un rincón, esperando a ser rasgado, o peor aún: quemado.*

Ahora él está apagado y yo esperando a que las llamas comiencen a quemar lo poco que queda de mí, de mi vida.

Le prendí fuego a la lluvia por ti…

3
JUNTOS (II)

ÉL: Debes comer algo.

BLANCA: No tengo hambre.

ELLA: Cariño, aunque solo sea una tostada. ¿Quieres que la prepare? He comprado unos aguacates que tienen muy buena pinta.

BLANCA: No, gracias, mamá.

ÉL: Pues un zumo… Está bien… No voy a insistir más, pero necesitas recuperar fuerzas.

BLANCA: No creo que la fuerza que necesito me la vaya a dar la comida.

ÉL: Quizá, pero puede ayudar. Como médico…

BLANCA: Lo sé, papá, pero has hecho el diagnostico equivocado.

ELLA: Podemos acercarnos al parque… dar un paseo. Hace un día estupendo. Puedo preparar la merienda y…

BLANCA: Por favor, mamá, no insistas. ¿Podéis explicarme qué está pasando aquí?

ELLA: ¿Aquí?

BLANCA: Sí, aquí y ahora.

ÉL: Nada. Solo tratamos de ayudarte.

BLANCA: Y os lo agradezco, pero no podéis actuar como si no pasase nada…

ELLA: Somos muy conscientes de la situación…

BLANCA: ¿De verdad?

ELLA: Claro que sí. ¿Acaso lo dudas?

ÉL: Creemos que lo mejor para ti es tratar de recuperar la normalidad…

BLANCA: ¿Para mí o para vosotros?

ELLA: Somos un equipo. Y debemos permanecer unidos.

ÉL: Tu madre tiene razón. No debemos dejar que entre ningún cuerpo extraño.

BLANCA: Demasiado tarde para eso, ¿no crees?

ELLA: Cariño, somos tus padres y no dejaremos que la desgracia nos haga más daño del necesario. Porque dolor va a haber y tú eres lo más importante para nosotros. Siempre lo has sido y, ahora, no va a ser menos.

BLANCA: Dejad que me enfrente a todo esto a mi manera, no a la vuestra. ¿Qué pasará cuando llegue el momento en que no podáis acompañarme? Porque ese momento va a llegar. Es inevitable.

ELLA: Pero mientras…

BLANCA: Le prendí fuego a la lluvia por ti…

4
ELLA

No hemos ido al parque. Hace demasiado calor... A mí no me lo parece, pero cada uno es como es. De nuevo, nos hemos encerrado en casa. Una buena jarra de limonada fresca y los pies apuntando al aire acondicionado. No hablamos mucho; en realidad casi nada. Hay que pensar lo que se va a decir, incluso lo más cotidiano. ¿Quieres un café? ¿Quieres hablar de algo? ¿Quieres ir a dar un paseo por el parque? Preguntar sin saber no la respuesta, sino cómo se va a responder. Deja pasar el tiempo, me digo, deja que todo fluya… Es lo que le he dicho a él, pero es evidente que no estoy siendo disciplinada. Mi manera de ser es otra: es poder buscar una solución antes que la pasividad y el silencio. Porque el silencio puede llegar a ser una trampa. La vida se ha convertido en un cepo enorme plagado de dientes metálicos que esperan silenciosamente atraparnos si tomamos el camino equivocado. No hago otra cosa que negarme a mí misma y por cada intento algo en mi interior se enquista, como un tumor. No hay tanto cuerpo para albergarlo, para dejar que cobre vida propia y acabe por poseerme. El silencio es su alimento, y entiendo que yo debo alimentarme de él; este maldito tumor que, si no consigo obedecer, conseguirá que mi cuerpo acabe partido en dos, en tres, en miles de trozos.

Silencio…

5
BLANCA Y ÉL

BLANCA: No encuentro mi medalla.

ÉL: Aún no han devuelto algunas cosas. Quizá esté en los juzgados.

BLANCA: ¿Y para qué la quieren? Entiendo… las pruebas.

ÉL: No pienses más en eso.

BLANCA: ¿No lo piensas tú?

ÉL: Sí, pero debes tratar de…

BLANCA: ¿Y crees que no haciéndolo todo va a ser favorable?

ÉL: Conseguirás estar más tranquila.

BLANCA: Deja de hablarme como si tuviera diez años.

ÉL: No pretendo…

BLANCA: Voy a cumplir veinticinco y ya me siento bastante idiota como para que encima tú…

ÉL: Tienes que ser más razonable…

BLANCA: ¿Cómo?...

ÉL: Solo digo que no te viene bien seguir pensado en lo mismo. Debemos confiar en que todo saldrá bien.

BLANCA: Has leído los periódicos… por no hablar de internet. Todos tienen su propia opinión. Estoy condenada a la hoguera.

ÉL: La gente está enferma de frustración…

BLANCA: ¿Eso te ha dicho mamá?

ÉL: También tengo mis propias opiniones.

BLANCA: No, en absoluto. Es su argumentario y te lo has tragado como un pez fuera del agua.

ÉL: ¿Por qué hablas así de ella?

BLANCA: No hablo de ninguna forma.

ÉL: Estamos haciendo lo posible para protegerte.

BLANCA: Pero no has podido evitar leer lo que se escribe sobre mí…

ÉL: ¿Qué tiene eso que ver?

BLANCA: Si lo haces tú no pasa nada, si lo hago yo, la peste nos rodea…

ÉL: No hay ninguna peste…

BLANCA: No me has dicho todavía qué piensas.

ÉL: No hay nada que pensar.

BLANCA: Lo hay, y mucho. Deja de esconderte detrás de mamá y habla de una vez.

ÉL: Lo que yo crea o deje de creer no es importante. Nunca lo ha sido. Eres mi hija y eso es lo único que importa.

BLANCA: Tu hija llegó a casa con sangre pegada al cuerpo. ¿No hay nada que quieras aclarar? ¿Hasta ahora todo lo ocurrido te parece normal, o lógico? Como médico, ¿todo se ajusta físicamente cuando suceden agresiones con esas características? ¿Todas las señales son irrefutables? ¿Qué?

ÉL: Por favor, no preguntes más…

BLANCA: No, es mejor así. Me has dicho mucho más ahora que en toda mi vida.

6
EL MUNDO

Una puta, eso es lo que es. Sube a casa con ese tipo y luego que si la han pegado, que si la han violado. ¿Qué creías que iba a pasar?

Es lo que tiene beber alcohol, o peor, meterse en el cuerpo cualquier cosa. Pierden el norte y luego se extrañan que se las follen. Hay que tener más cuidado.

A cualquier cosa lo llaman violencia. Un guantazo es lo que es y si el tío la ha agarrado del cuello, es que le ha dado motivos para hacerlo.

Los tíos somos como somos. Si una pava se acerca, después de estar tirándote la caña todo el rato, es normal que pienses que quiere batalla. Y cuanto más lo desean, es cuando se ponen dignas. Una calientapollas de manual…

Es igual. La van a creer a ella, aunque se haya cargado al tío. Así funciona la justicia.

Son todas unas zorras, todas. A mí que no me vengan con chorradas. Después de comerte la polla les entra el arrepentimiento y te acusan de haberlas agredido. Mucho sí, para luego decir no es no. Lo que digo: unas zorras.

Que no, que esa tía está loca y le ha jodido la vida a la familia de ese pobre chaval. Seguro que no es la primera vez que lo intenta. Un tío joven más que hay que enterrar. Justicia de la buena y no lo que hay ahora.

Como hombres, estamos jodidos.

7
ELLA (II)

Horrible, simplemente horrible. Voy a tener que ponerme una máscara para que dejen de mirarme como si fuese una cosa extraña. Es imposible ir a cualquier parte. No se dan cuenta de que es agotador. Puedo entender la curiosidad, yo también lo haría, pero todo tiene un límite y el mío está agotado. Podrían ponerse en nuestro lugar, dejar de sacar conclusiones. Todos se creen con el derecho a juzgar y mi hija está condenada. Porque es mujer, así de simple. Porque no actuó como se supone que debía hacerlo. No mires fijamente, no bailes, no te acerques, no hables, no aceptes la invitación, no subas a su casa... Cuando tiras una piedra a un río no siempre acaba en el fondo... Pero en este río parece que sí, y nos está arrastrando sin remedio, rompiendo hasta el último hueso de nuestros cuerpos.

8
LA MADRE Y ELLOS

ÉL: Estás muy callada.

ELLA: Espera un momento. Necesito calmarme.

ÉL: ¿Quieres beber algo?

ELLA: Agua.

ÉL: Blanca no ha salido de su habitación en toda la mañana.

ELLA: Nadie debería salir de aquí. Pero el mundo sigue girando.

ÉL: ¿Y bien?

ELLA: Me he encontrado a Raquel en el aparcamiento del supermercado.

ÉL: ¿Y?

ELLA: He tratado de esquivarla. Me estaba esperando; supongo que me vio dentro de la tienda.

ÉL: ¿Habéis hablado?

ELLA: Ella, yo he escuchado. Está muy desmejorada. Tiene la cara blanca y cuarteada.

ÉL: Normal que esté así.

ELLA: Sí, supongo que sí.

ÉL: ¿Cómo que lo supones?

ELLA: Ya sabes qué quiero decir…

ÉL: ¿Qué te ha dicho?

ELLA: Ha sido… educada. Eso es lo que me ha desarmado. Nada más verla me he preparado para atacar si era necesario.

ÉL: Vamos, dime qué te ha dicho.

ELLA: Dame más agua.

ÉL: ¿Prefieres otra cosa?

ELLA: No…

ÉL: No sé: unas patatas fritas o un cerdo asado…

ELLA: ¿No ves que no puedo ni respirar? Te he dicho que me dejases un momento en paz. No es tan difícil de entender. Soy yo la que ha pasado uno de los peores momentos de mi vida.

ÉL: Tenemos una buena colección de malos momentos.

ELLA: No me apetece discutir.

ÉL: Ni a mí…

ELLA: Entonces, ¿por qué me hablas así?

EL: Dejémoslo…

ELLA: No, vamos a hablarlo.

ÉL: Has dicho que no quieres discutir.

ELLA: Como quieras… Ahora no quiero hablar más.

ÉL: De eso nada. Llevo cinco minutos esperando…

ELLA: Voy a ver a Blanca…

ÉL: No te vayas…

ELLA: Ten, no quiero más agua.

9
ÉL

Según las pruebas realizadas todos los niveles son normales, excepto el calcio que, dentro de los márgenes, tiende al máximo aceptable. La hipercalcemia es una enfermedad en la que el nivel de calcio en la sangre está por encima del normal, pero aún no debemos preocuparnos. Le sugiero que consuma leche o yogures desnatados, y dejar completamente el consumo de frutos secos, especialmente las nueces. Le cito dentro de un mes para hacer una nueva analítica. Que vaya bien. Adiós.

Hola… No, aún tengo que terminar de rellenar unos papeles… Quizá media hora, pero ya sabes que hasta las tres no acabo. Vale, luego nos vemos. Tengo que terminar un informe. No te preocupes. ¿Qué tal Blanca? Bueno… ya hablaremos en casa. Adiós… No, estoy bien… Bueno, hasta luego…

Sí, luego te veré en casa…

Entre las causas de la hipercalcemia se incluyen las siguientes[1]:

Hiperparatiroidismo: una o más de las cuatro glándulas paratiroideas segregan demasiada hormona paratiroidea, que participa en la regulación de la concentración sanguínea de calcio.

Demasiada ingesta de calcio: en algunos casos, la hipercalcemia aparece en presencia de úlcera péptica si, además, se toma mucha leche y antiácidos a base de calcio para aliviar la acidez. Este trastorno se denomina síndrome de leche y alcalinos.

---

[1]https://www.msdmanuals.com/es/hogar

Demasiada ingesta de vitamina D: cuando se ingieren dosis diarias muy altas de vitamina D durante varios meses, la cantidad de calcio absorbido en el tubo digestivo aumenta en gran medida.

Trastornos óseos: si se produce destrucción del hueso (resorción o reabsorción ósea), se libera calcio en la sangre, lo que, en ocasiones, provoca hipercalcemia. En la enfermedad de Paget también hay resorción ósea, pero la concentración sanguínea de calcio suele ser adecuada. Sin embargo, el nivel de calcio puede elevarse demasiado si, además de la enfermedad de Paget, se produce deshidratación o se pasa demasiado tiempo sentado o acostado, situaciones en las que los huesos no aguantan peso. El hipertiroidismo grave también puede causar hipercalcemia, debido al aumento de la resorción de tejido óseo.

Inactividad: en pocas ocasiones, cuando se está inmovilizado, como las personas con parálisis o las que deben guardar cama durante mucho tiempo, aparece hipercalcemia porque el calcio óseo se libera en la sangre si los huesos dejan de aguantar peso durante largo tiempo.

Las enfermedades granulomatosas, algunos fármacos, y los trastornos endocrinos y de algún otro tipo también pueden causar hipercalcemia.

Cáncer: las células de los tumores renales, pulmonares y ováricos segregan grandes cantidades de una proteína que, al igual que la hormona paratiroidea, aumenta la concentración de calcio en la sangre. A este efecto se le denomina síndrome paraneoplásico. También se libera calcio a la sangre cuando el cáncer se extiende (metastatiza) al hueso y destruye las células óseas. Esta destrucción ósea se produce con mayor frecuencia en los cánceres de próstata, de mama y de pulmón. El mieloma múltiple (un cáncer de la médula ósea) también ocasiona la destrucción del hueso y provoca hipercalcemia. Otros tipos de cáncer aumentan la concentración de calcio en la sangre mediante mecanismos que aún no se han entendido por completo.

10
LA PRINCESA

BLANCA: *Érase una vez una princesa. La pobre princesa estaba triste: era la princesa de todos los cuentos. La princesa estaba sola en un castillo cuyas paredes guardan los ecos de un triste pasado. Todo era silencio, quebrado por el silbido del viento que se deslizaba por la ladera de la nevada montaña. Las nubes ya no hablaban con la luna, porque ésta estaba también muy triste, desde que una estrella, hija suya, se dedicó a viajar por el firmamento, olvidándose de la cara de su madre. La princesa ya no le cantaba a la luna, ni siquiera era capaz de hablarle en las noches de invierno, porque la tristeza en esas noches de gélidas caricias propiciadas por los dedos del blanco señor, se disfrazaban de melancolía. El blanco señor la acompañaba en su baile tocando una guitarra cuyas cuerdas eran finas cintas de color gris que caían de las nubes maquilladas de un gris macilento. Todo era bailar y cantar, hasta que el sol comenzaba a centellear sobre la nieve de la montaña. El sol estaba triste y sus rayos eran débiles brazos incapaces de abrazar el cuerpo de la princesa. Ella trataba de atrapar con sus manos un poco de calor, pero se le escapaba entre los dedos como si fuese agua, como si fuese un puñado de ilusiones malogradas... ¡Pobre princesa! No hay nadie que le diga que está muerta, y por eso nunca podrá sentir calor. Tan solo silencio y tristeza... mucha tristeza.*

Y fin.

11
ELLA Y ÉL

ELLA: No puede ser. He olvidado la receta del bizcocho de mi abuela. No puede ser…

ÉL: Lo tienes todo guardado en tu cuaderno.

ELLA: Lo sé, pero nunca he tenido que mirar esa receta y dudo con las cantidades.

ÉL: Ten, así no te equivocarás.

ELLA: Veamos.
Ingredientes[2]*:*
3 huevos
1 yogur natural
1 medida aceite oliva suave
2 medidas azúcar blanca
3 medidas harina trigo
1 sobre levadura
Ralladura de 1/2 limón
Pasos de la receta
Paso 1
Empezamos batiendo los huevos muy bien hasta que espumen, a continuación, añadimos el azúcar y continúo batiendo unos minutos para que coja consistencia.
Paso 2
Añadimos el yogur batido levemente (con la mano está bien) y el aceite, mezclamos.

---

[2]https://cookpad.com/es/homepage

Paso 3
Tamizamos la harina junto con la levadura y la vamos añadiendo a la mezcla anterior. Mezclamos bien con movimientos envolventes con ayuda de una espátula.
Paso 4
Ponemos en el molde un poquito de mantequilla y harina para que no se pegue y añadimos la masa.
Paso 5
Metemos al horno y dejamos unos 45 min. a 180 grados, vamos comprobando con un palillo hasta que esté cocido y listo. Y luego, dejar enfriar.

ÉL: ¿Estás más tranquila?

ELLA: Sí, pero no tengo levadura. Y no me apetece volver al supermercado después de lo que ocurrió ayer.

ÉL: Deja la receta entonces y dime qué te dijo Raquel.

ELLA: Lo haré…

ÉL: Ahora es el mejor momento.

ELLA: Sí, pero… ¿Qué? ¿Por qué me miras así?

ÉL: No miro de ninguna forma. Solo me pregunto por qué tengo que estar rogando que me cuentes lo que te ha dicho esa mujer.

ELLA: Porque creo que es añadir más preocupaciones…

ÉL: Puedo ayudarte a hacer el bizcocho, pero ahora…

ELLA: De acuerdo… Está bien.

ÉL: Te traeré la levadura.

ELLA: Vaya, no queda limonada.

ÉL: También puedo prepararla.

ELLA: No te preocupes, la haré yo…

ÉL: Como quieras.

ELLA: Creo que iba medicada: arrastraba las palabras, como si tuviera algodón en la boca. El caso es que me acerqué al coche y ahí estaba. Me miró directamente a los ojos. Fue solo un instante, pero se hizo eterno. Me sentí desnuda. Le pregunté qué quería y dijo que solo hablar. No buscaba problemas, me aclaró, pero no dejaba de mirar fijamente. Por un momento pensé que iba a agredirme, a insultarme ahí, delante de todo el mundo. Le dije que sentía todo lo ocurrido. No sabía qué decir en realidad porque todo suena en mi cabeza inadecuado, inoportuno… Raquel subió y bajo los hombros, tomando aire. Lo soltó como si fuese la última vez que iba a respirar. Cerró los ojos unos segundos. Las lágrimas no tardaron en aparecer. Le ofrecí un pañuelo que no rechazó. No hago otra cosa que llorar, me dijo casi avergonzada. Me preguntó si a mí me pasaba lo mismo y le contesté que sí. Yo tampoco puedo dejar de llorar por la pena que me produce esta situación. Éramos amigas, me recordó, y el destino ha cruzado nuestros caminos de manera fatal. Mi hijo era buena persona, no un agresor, pero algo tuvo que pasar. Algo le ocurrió a tu hija en su cabeza para que terminara llevándose por delante a mi hijo. Llevaban juntos once meses… ¿Cómo puede ser todo tan terrible? Las circunstancias nos separaron y ahora volvemos a vernos así; tu hija ha matado a mi hijo y te aseguro que la vida tiene más valor de lo que Blanca puede creer… Necesito beber algo fresco.

ÉL: Vamos, sigue.

ELLA: No hay nada que me quite este sabor de boca.

ÉL: Es la tensión.

ELLA: Supongo…

ÉL: Continúa.

ELLA: Volvió a mirarme con más intensidad. ¿Conoces a Juan, el mejor amigo de mi hijo? No, le contesté, cómo lo iba a conocer. Ella sonrió un breve instante. Fue aterrador…

ÉL: ¿Y?

ELLA: Los chicos hablan, ya sabes cómo son… No, no lo sé, pero puedo imaginármelo, le dije. ¿Qué tiene que ver esto con lo ocurrido? Y ella… ella me contó que nuestra hija también conocía a ese Juan y que, en una ocasión, algo pasó entre ellos. Blanca le rompió un vaso en la cabeza, pero al final le convenció para que no la denunciara.

ÉL: ¿Está diciendo esa mujer que la peligrosa es Blanca?

ELLA: No lo sé… Se marchó, sin más. Yo me quedé muda, muda y desconcertada.

ÉL: ¿En qué piensas?

ELLA: En nada, bastante tengo con este mal sabor de boca. Haré la limonada.

ÉL: ¿Estás dudando?

ELLA: No te entiendo…

ÉL: Por eso has tardado tanto en contármelo. Esa mujer te ha hecho dudar.

ELLA: No seas absurdo.

ÉL: Absurdo es que estés dando vueltas por todos lados sin darme una respuesta clara. Esa mujer está sumida en la desesperación y es normal que ataque a nuestra hija. Pero tú has creído sus palabras y eso es muy peligroso.

ELLA: Escúchame un momento, por favor. Hablemos con calma.

ÉL: No hay nada de qué hablar. Olvida a esa mujer y, por favor, mete esos pensamientos también en el horno o nos salpicarás con tus sesos.

12
RECORDANDO A RAQUEL

ELLA: Éramos amigas. Nos conocimos en la universidad. Raquel estudiaba Veterinaria, yo, Filosofía y Letras. Por eso ella consiguió trabajo casi a continuación. Yo, no. Me casé y los años han ido pasando. Escribo mucho, eso sí, pero solo por placer. Casi nadie ha leído nada porque me da mucha vergüenza. Tendría que superarlo y seleccionar uno de los manuscritos para enviarlos a una editorial. No pierdo nada por intentarlo. Lo he pensado muchas veces y al final nunca hago nada. Siempre ocurre algo que me impide concentrarme en ello… en mí. Como ahora. Este pequeño relato me gusta mucho. Está basado en el testimonio de una joven a la que… me quedó muy bonito, muy poético. Quizá se lo enseñe a mi marido a ver qué opina. Este otro no merece mucho la pena. Es la historia de una muchacha que se queda tuerta porque un chico le lanza una piedra, creyendo que es una bruja malvada. Este otro es más extenso. Pero me falta el final. Los finales son importantes. He hecho algún curso de escritura creativa y todos los profesores aseveran lo mismo: los finales son importantes. Tengo varias posibilidades y ninguna me convence. Debería reescribirlo entero. Pero ahora no es posible. Una profesora nos explicó que hay que aprovechar los malos momentos como motivo de inspiración y el presente es un largo y enorme mal momento, pero soy incapaz de pensar en cómo desarrollar un relato o dar por terminada cualquiera de ellos, este en concreto. La historia de una mujer que se sale con la suya… Una venganza bien planificada… Una mujer que sabe lo que quiere y, lo más importante, cómo conseguirlo. Una mujer de hoy, que no consiente que nadie la menosprecie. Una mujer que estudió Filosofía y Letras…

Raquel ha muerto, porque sobrevivir a tus hijos es una manera de morir. No me puedo poner en su lugar porque no quiero imaginar lo que ocurriría si Blanca… Me cuesta hasta decirlo. Es un relato en el que no quiero pensar, como tampoco quiero perder más tiempo con las palabras de ella. Eres una buena chica porque te hemos educado bien. Nos aseguramos de que no nos avergonzaras y has cumplido con tu parte. Eres femenina, delicada, y no vas por ahí rompiendo vasos en la cabeza de nadie. No eres una triste princesa encerrada en un triste castillo. No te he educado, te hemos educado así. Pero algo ha ocurrido. Algo en tu cabeza se ha torcido y quiero saber cómo ayudarte. Quizá mañana podamos salir a dar un paseo, tomar un café y empezar a hablar…

13
LA PRINCESA (II)

BLANCA: *Hasta no hace mucho también pensaba que lo que pasó fue culpa mía. Quizá por cómo iba vestida, o pintada, o mi forma de andar. No sé… Algo le incitó a esa bestia a lanzarse sobre mí para quitármelo todo. Qué sencillo y escalofriante a la vez. Llegas a casa y no quieres mirarte en el espejo. Guardas silencio: no gritas, no gimes cuando sientes el escozor entre las piernas. Sólo esperas que el agua te limpie… pero nada puede borrar lo que está dentro, palpitando y ocupando todos los rincones de tu cuerpo. Y, poco a poco, te das cuenta de que, si el alma tiene un color, el tuyo es el negro. Pero sales de la bañera y te atreves a mirarte fugazmente en el espejo. Inspiras hondo y en un instante puedes verte. Pero ya no te reconoces. Tienes los labios hinchados por lo puñetazos y las marcas de sus manos en el cuello están ahí. Tus ojos son como dos puntos muy brillantes. Te sientes humillada, avergonzada y sobre todo impotente. Y vuelves a preguntarte si fue culpa tuya… si es que la vida es un juego y esta vez te ha tocado perder. Y luego, bien tapada, sin un centímetro de piel a la vista, entras en una comisaría y denuncias. El tornado te absorbe y no sabes cuándo te va a soltar ni dónde. Escuchas aquello de que no debes lavarte… dejarlo todo como está… Y, poco a poco, tan sólo una cosa crece con el tiempo: el miedo.*

ELLA: Perdona que te moleste… ¿Qué lees? Es uno de mis relatos.

BLANCA: Espero que no te importe.

ELLA: No… solo que aún está sin terminar.

BLANCA: Una triste princesa con muy mala suerte.

ELLA: Quizá…

BLANCA: Ten, ya los puedes volver a guardar.

ELLA: No deberías haberlos cogido sin decírmelo.

BLANCA: Es otra manera de conocerte.

ELLA: ¿No conoces a tu madre?

BLANCA: Eso lo has dicho tú.

ELLA: Bien… He pensado que mañana podríamos ir a desayunar por ahí y luego dar un paseo. Se supone que no hará tanto calor como estos días.

BLANCA: Lo pensaré.

ELLA: Perfecto.

BLANCA: Me gustaría leer otro de tus escritos.

ELLA: Lo pensaré.

BLANCA: Perfecto.

ELLA: Voy a preparar la cena. ¿Tienes hambre?

BLANCA: No…

ELLA: Te aviso cuando esté lista.

14
JUNTOS Y EL MUNDO

ÉL: Llego tarde, lo sé…

ELLA: Sí, voy a tener que volver a calentarlo todo.

ÉL: ¿No has cenado?

ELLA: Nadie ha cenado todavía. ¿Qué te ocurre?

ÉL: Cada día que pasa estoy más convencido de irnos de aquí.

ELLA: Ya hemos hablado de esto y…

ÉL: Lo sé… lo sé.

ELLA: Vamos a cenar, por favor.

ÉL: Tenemos dinero ahorrado y a mí no me va a faltar el trabajo.

ELLA: Esa no es la cuestión. Huir no es una opción.

ÉL: ¿De dónde sacas esa conclusión?

ELLA: ¿Quieres huir?

ÉL: No tengo hambre.

ELLA: Como quieras… Nos estamos hundiendo.

ÉL: Y no quieres abandonar este barco.

ELLA: Porque eso significa admitir que somos culpables; que ella es culpable.

ÉL: ¿Y no es lo que piensas en realidad?

ELLA: Eres muy injusto.

ÉL: ¿Tengo que recordarte lo que Raquel…?

ELLA: Me dejé llevar, eso es todo.

ÉL: Otro golpe de timón que nos lleva directamente a las rocas.

ELLA: No voy a dejar que me hagas responsable de cómo está la situación.

ÉL: Pues no tomes decisiones tú sola.

ELLA: Eso es muy fácil decirlo. Tú sales y yo me quedo aquí, mirando la cara de Blanca, escuchando sus silencios. Y cuando salgo noto cómo todo el mundo me reprocha haber parido a una asesina.

BLANCA: ¿Eso piensas realmente?

EL MUNDO: *Una puta, eso es lo que es. Sube a casa con el tipo y luego que si le han pegado, que si la han violado. ¿Qué creías que iba a pasar?*

ELLA: No, hija. Lo siento… No quería decir…

BLANCA: Pero lo has dicho.

ÉL: Escucha, hija, nadie está preparado para afrontar situaciones como esta.

EL MUNDO: *Es lo que tiene beber alcohol, o peor, meterse en el cuerpo cualquier cosa. Pierden el norte y luego se extrañan que se las follen. Hay que tener más cuidado.*

BLANCA: ¿Cuáles? ¿Como por ejemplo que tu propia madre crea que su hija es una pirada que va matando a los demás? ¿O que su hijita caliente la polla a los tíos para luego decir no y que tengan una razón para obligarme a clavar las rodillas en el suelo? ¿A cuál de ellas te refieres exactamente? Dime…

ÉL: No hables así.

EL MUNDO: *Es igual. La van a creer a ella, aunque se haya cargado al tío. Así funciona la justicia.*

BLANCA: ¿Así cómo, papá? Todo el mundo opina lo mismo. Soy una puta, una calienta pollas. Pero soy yo la que decide cuando quiere que la jodan. Y vosotros estáis muy cerca de joderme. No sois muy distintos de los demás.

ELLA: Cállate, estás diciendo barbaridades.

BLANCA: Ya tienes otro tema para uno de tus relatos. Otra princesa sacrificada…

EL MUNDO: *Un tío joven más que hay que enterrar. Justicia de la buena y no la que hay ahora.*

ELLA: Sal de mi vista. Eres horrible…

ÉL: Por favor, basta ya…

BLANCA: ¿Qué voy a hacer con la sangre que me disteis? Ojalá pudiera vaciarme…

15
SOBRE EL RECUERDO

BLANCA: *Qué es recordar… Despertar a los muertos, atrapar fantasmas del pasado y traerlos al presente. Pero los fantasmas, mis fantasmas, no se conjuran para llevarme de la mano a otros lugares, a otros tiempos y mostrarme lo injusto o lo justo que he podido ser con los demás. Debo atraparlos, traerlos a mi presente porque forman parte de mi pasado y han construido un futuro, no de hechos o acontecimientos, sino de palabras, estas palabras que ahora escribo y que un día quizá, alguien pueda leer. ¿Es necesario que esta historia se conozca? Por eso la escribo, para que sea leída y analizada. De nada sirve escribir para uno mismo. Se necesita escribir para los demás con el propósito de tener cómplices. Ellos te dirán que tienes razón, que los motivos que te asisten son legítimos, y que vas a estar protegido. Y cuando todo salga a la luz, ellos seguirán ahí, porque son parte de ti y tú de ellos. Luego están los otros, los cómplices de un instante, pero que luego son verdaderos nihilistas que nada les gusta pero que nada se pierden. No he visto nunca una forma más estúpida de matar el tiempo. No busco cómplices que hablen de estructuras, de frases, de pasajes, de imágenes. Yo voy más allá y necesito saber que voy a ser comprendido y que mis razones, secretas o públicas, van a ser escuchadas y consideradas y que, al terminar de leer, siempre estaré en el presente con breves estancias en el pasado… Esto es ser recordado.*

No quiero ser recordada. Quiero ser olvidada. Que nadie tenga la certeza siquiera de que existí. Deshacerme cuando la luz me traspase. Una princesa que no sabe qué hacer con tanta tristeza…

Once meses, tan solo once meses para que todo se partiese en mil trozos. Un día, de pronto, como una tormenta que no esperas, una discusión sobre cómo iba vestida nos destrozó a los dos. Hubo señales antes, pero cedía a sus deseos. Pero esa vez no estaba dispuesta a permitirlo. Le pregunté si necesitaba saber cuántas veces respiraba al día y su respuesta fue una bofetada que me tiró al suelo. Se me quedó mirando, desconcertado ante su propia acción, pero no por eso dejó de insultarme. Me humilló de tal manera que jamás podré sentirme limpia. No me dejó salir de casa ni usar el teléfono. Llegó la noche. Apenas nos habíamos mirado. Fue entonces cuando me mencionó a su amigo Juan. Ten cuidado con esa tía, le dijo, te traerá la ruina. Por eso, aquel día, tomó la decisión de castigarme, por su amigo y por él mismo. Me castigó rodeando mi garganta con sus manos... Cuando dos hombres hablan de una misma mujer que quisieron tener o poseen como si fuese un animal que hay que domesticar, las caricias se convierten en golpes y las palabras en alfileres que traspasan la carne y el alma. Así fue todo: uno utilizó a su amigo para vengarse y el otro fue el instrumento perfecto... Le prendí fuego a la lluvia por ti.

16
ÉL (II)

Efectivamente, y según las pruebas realizadas, tenemos que comenzar con el tratamiento de su artrosis. La artrosis es una enfermedad reumática que lesiona el cartílago articular. Las articulaciones son los componentes del esqueleto que nos permiten el movimiento y, por tanto, nuestra autonomía funcional y están formadas por la unión de dos huesos a través de la cápsula articular. En el interior de estas existe, generalmente, un fluido llamado líquido sinovial que es producido por la membrana sinovial. Los extremos óseos que se unen para formar la articulación están recubiertos por el cartílago articular. Cuando este cartílago articular se lesiona, se produce dolor, rigidez e incapacidad funcional. Normalmente la artrosis se localiza en la columna cervical y lumbar, algunas articulaciones del hombro y de los dedos de las manos, la cadera, la rodilla y la articulación del comienzo del dedo gordo del pie. En su caso está perfectamente localizada en la zona lumbar, como nos temíamos. Así lo ha confirmado el TAC. El objetivo del tratamiento es mejorar el dolor y mejorar la calidad de vida. Para ello se dispone de varias alternativas: medidas físicas, fármacos y cirugía[3].

El especialista le ha recetado un opioide. Le he incluido un protector estomacal. Tómese la medicación y la enfermera le proporcionará un papel con unos pequeños ejercicios que puede hacer en casa. Que vaya bien. Adiós.

Sí, que vaya muy bien. Mientras, yo me quedaré aquí, sin saber qué pastilla tomar para evitar que esta cabeza no traspase una pared.

---

[3]https://www.reumas.org/es/

17
EL RÍO

ELLA: Es un lugar maravilloso.

ÉL: Lo es. Lástima que Blanca no haya querido venir.

ELLA: Necesita su espacio, de eso trata, ¿no? He decidido que es lo mejor.

ÉL: No te comprendo.

ELLA: Que es mejor no insistir. No quiero que piense que la estoy obligando a hacer lo que no le apetece.

ÉL: Si crees que es lo mejor…

ELLA: No sé si lo es, pero lo voy a intentar. Mira, se ven peces allí.

ÉL: ¿Y si no funciona?

ELLA: Pues habrá que poner en marcha otro plan.

ÉL: ¿Y qué tienes pensado si la declaran culpable?

ELLA: Eso no va a ocurrir. Ya escuchaste a la abogada. Está claro que es un delito de violencia y que nuestra hija se defendió.

ÉL: Pero también explicó que Blanca empleó más fuerza de la necesaria.

ELLA: Se estaba defendiendo. ¿Por qué estamos hablando de esto?

ÉL: Porque aún no hemos llegado al final. Solo por eso.

ELLA: No me lo puedo creer…

ÉL: ¿Qué ocurre?

ELLA: ¿No la conoces? Es la madre del chico.

ÉL: ¿Qué dices?

ELLA: Nos ha seguido.

ÉL: Puede que sea una casualidad.

ELLA: No, no lo es. Maldita estúpida.

ÉL: Ignórala…

ELLA: Qué lista es la imbécil. Lástima que no pueda cruzar el río, que si no…

ÉL: Ya se va.

ELLA: Espero no volver a verla…

ÉL: Déjalo ya. Hemos venido aquí para estar tranquilos, y es lo que vamos a hacer.

18
BLANCA Y RAQUEL

BLANCA: *En este momento no estoy preparada para hablar cara a cara y he preferido escribirte. No sé si llegarás a leer estas palabras; en cualquier caso, aquí queda impreso lo que pienso y el sufrimiento que nos has infligido. Has matado a nuestro hijo. Lo hiciste en defensa propia, pero tú y yo sabemos que no es verdad. Has hecho uso y disfrute de una ley que te ampara por el hecho de ser mujer, pero no hace falta que te diga que hay mujeres que abusan de esa concesión, como tú. Puede que seas no culpable, pero eso no significa que no lo hayas hecho. La primera vez que te vi supe al instante que nos ibas a traer problemas, lo que no podía intuir es que ibas a traernos el infierno. No era solo yo la que te había descubierto, también Juan y otros amigos. Me pregunto si tus padres duermen tranquilos al saber que han engendrado a un monstruo. Porque eso es lo que eres, sin más. Te ganaste el favor de muchas personas, pero el resto del mundo me apoya. Y por esa razón ese mismo mundo no te dejará nunca en paz. No tienes derecho a rehacer tu vida y de conseguirlo espero que halles la horma de tu zapato. Deberías pensar seriamente si lo mejor para todos, para mí, como madre a la cual has condenado al peor de los castigos, es que desaparezcas. Que te lances delante de un camión o de un tren, o que te rajes hasta que no quede nada de sangre en tu cuerpo; sangre, no: agua podrida. Eso es lo que te corre por las venas. Por favor: muere de una vez. Así, aunque el dolor de nuestra pérdida no nos deje respirar, podremos sacar, poco a poco, la cabeza del agua.*

19
EL RÍO (II)

ÉL: Te oigo pensar.

ELLA: Estoy muy preocupada. Raquel no asume que todo ha terminado. Su hijo era un maltratador y, sin embargo, el mundo quiere castigar a Blanca. ¿Es que no ha sufrido, no hemos sufrido lo suficiente? No logro entenderlo, la verdad. Me gustaría poder cambiar las cosas, pero me flaquean las fuerzas y siento que en cualquier momento me voy a desvanecer. Así de simple y de terrible a la vez.

ÉL: Ven… Debemos abrazarnos más.

ELLA: Sí, hemos perdido la costumbre. Tengo mucho miedo de que nos destruyan.

ÉL: Tenemos que mantener la calma. Poner la debida distancia… ¿Qué?

ELLA: Nada… No dejes de abrazarme.

ÉL: Te conozco y esa mirada…

ELLA: No miro de ninguna forma…

ÉL: Desde luego que sí… Aún dudas, en realidad nunca has dejado de hacerlo. Desde el principio ya tenías tu juicio…

ELLA: Basta, deja de decir tonterías.

ÉL: No te consiento que hables así. Ya estoy harto.

ELLA: ¿Harto? No sé de qué. Has seguido viviendo tu vida sin cambiar apenas nada. ¿Quién ha dejado su trabajo para estar con nuestra hija? Yo. ¿Quién tiene que lidiar con la tensión y el no saber cómo actuar? Yo...

ÉL: Decidiste quedarte en casa, así que no me hagas responsable de tus decisiones. Pero esto me da igual. Te pido que seas sincera, ahora. No nos vamos a mover de aquí hasta que no me digas la verdad.

ELLA: No puedes obligarme...

ÉL: Claro que no, pero si no hablas convertiré a nuestra hija en tu peor enemiga.

ELLA: No serás capaz...

ÉL: Habla...

ELLA: Me estás matando...

ÉL: Que hables... Ahora.

ELLA: No estoy en contra de Blanca. Me crees, ¿verdad?

ÉL: No te desvíes...

ELLA: Bien, si es esto lo que quieres... Cuando me encontré con Raquel no tenía ningún pensamiento concreto. Solo pensaba en proteger a Blanca; hacerle la vida lo más fácil posible, que se sintiera segura en casa, con nosotros. Pero esa mujer abrió una grieta que ya creía cerrada. No es la primera vez que tu hija se crea problemas con los chicos, y al escuchar a esa mujer... no sé... Espera, no te vayas, por favor.

ÉL: Eres asquerosa.

ELLA: Me has pedido que fuese sincera y ahora me estás ahogando. ¿Quién eres? No sé quién eres. Te ha cambiado hasta el brillo de los ojos. Deja de mirarme así. No soy yo quien se comporta como una zorra en los bares... No, espera. Lo siento, no quería decir eso. No te vayas… perdóname. Me he dejado envenenar. Lo entiendes, ¿verdad? El mundo me ha envenenado. Por favor, por favor. Escúchame…

ÉL: Suelta…

Un golpe en la cara.

20
JUNTOS (III)

BLANCA: ¿Qué le ocurre a mamá?

ÉL: Un pequeño accidente, no te preocupes.

BLANCA: No para de llorar.

ÉL: Necesita desahogarse.

BLANCA: ¿No le vendría bien tomar una pastilla?

ÉL: ¿Para qué?

BLANCA: Para los nervios… y para la ceguera… No me ha mirado siquiera.

ÉL: Dejemos que se calme.

BLANCA: ¿Dónde habéis estado?

ÉL: En el río.

BLANCA: Hace mucho que no voy. ¿Se estaba bien?

ÉL: Sí. ¿Qué has hecho tú?

BLANCA: Leer…

ÉL: ¿Y es interesante?

BLANCA: Mucho.

ÉL: ¿Cómo se titula el libro?

BLANCA: Es el lector quien lo propone.

ÉL: No te comprendo.

BLANCA: Una vez que lo terminas decides cómo lo vas a titular. Luego puedes mandarlo a la editorial y hacen una selección de los mejores.

ÉL: ¿Ya lo has pensado?

BLANCA: No, aún no.

ÉL: ¿Cuándo estuviste en el río?

BLANCA: ¿Cómo?

ÉL: En el río. Antes has dicho que…

BLANCA: No lo sé exactamente. Cuatro o cinco meses quizá.

ÉL: ¿Fuiste sola?

BLANCA: No, con una amiga.

ÉL: ¿Cómo se llama?

BLANCA: Elena.

ÉL: ¿Dónde la conociste?

BLANCA: ¿Ahora eres policía?

ÉL: Solo es curiosidad.

BLANCA: La conocí en un curso de escritura.

ÉL: Nunca te he visto escribir nada.

BLANCA: Con una escritora en la familia es suficiente.

ÉL: Los relatos de la princesa son muy interesantes.

BLANCA: Sí, los leí… Creía que no se los enseñaba a nadie.

ÉL: A mí, sí.

BLANCA: Tuve que robarlos. Me pudo la curiosidad.

ÉL: ¿Has leído alguno más?

BLANCA: Con lo que estoy leyendo tengo bastante.

ÉL: El libro sin título.

BLANCA: Sí…

ÉL: Me gustaría verlo. A mí también me puede la curiosidad.

BLANCA: Un día te lo enseño.

ÉL: ¿Por qué no ahora?

BLANCA: Porque hay que pensar en mamá.

ÉL: Mamá necesita estar un rato a solas.

BLANCA: Y yo también…

ÉL: No hemos terminado de hablar.

BLANCA: Puedes seguir con mamá. Me duele la cabeza.

ÉL: Tómate algo, será por medicamentos…

BLANCA: Prefiero esperar…

ÉL: Una chica fuerte…

BLANCA: Sí… Hasta luego.

ÉL: Las causas graves de los dolores de cabeza son raras. La mayoría de las personas con dolores de cabeza se pueden sentir mucho mejor haciendo cambios en su estilo de vida, aprendiendo formas de relajarse y, algunas veces, tomando medicamentos. Puede estar relacionada con el estrés, la depresión, la ansiedad, un traumatismo craneal o sostener la cabeza y el cuello en una posición anormal. Tiende a darse en ambos lados de la cabeza. A menudo comienza en la parte posterior de la cabeza y se propaga hacia delante. Es posible que se sienta dolor

y rigidez en los hombros, el cuello y la mandíbula. El dolor puede ser sordo u opresivo, como una banda apretada o una prensa…
Deja de apretar los dientes…
Deja de morderte la lengua…
Deja de apretar la mandíbula…
Estira el cuello…
Respira hondo. Respira hondo.
Aparta los malos pensamientos…
Todo va bien. Todo va bien.
Aparta los malos pensamientos. Aparta los malos pensamientos.
Solo ha sido un golpe. Solo ha sido un golpe.
Deja de apretar los dientes. Deja de apretar los dientes…
Deja de morderte la lengua. Deja de morderte la lengua…

21
ELLA (II)

Deja de llorar. Deja de llorar... Vamos, recupérate. Ha sido un accidente. Le he puesto nervioso. Él nunca me haría daño a propósito. Es un buen hombre, un buen médico. Sus pacientes lo aprecian mucho por su cercanía, por su manera de explicar todos los males. Debo tranquilizarme y apartar los malos pensamientos de una vez. El mundo me ha dominado y debo ser capaz de superarlo para que esto no vuelva a ocurrir. Las paredes se están agrietando y la casa terminará por plegarse encima de nosotros. Deja de llorar. Ve a verlo y dale un abrazo. Invítalo a cenar: una buena cena y una botella de vino nos ayudará a volver... Deja de llorar, no ha sido culpa suya, no lo ha sido...

22
ELLA Y BLANCA

ELLA: Hola, hija.

BLANCA: ¿Y esa herida?

ELLA: No tiene importancia.

BLANCA: Si no la tiene, dímelo.

ELLA: Resbalé en la orilla. Siento no haberte hecho caso antes, pero necesitaba…

BLANCA: No te preocupes.

ELLA: ¿Qué tal el día?

BLANCA: Has hablado con Raquel, ¿verdad?

ELLA: Es posible…

BLANCA: ¿Has hablado, o no?

ELLA: Me la encontré en el aparcamiento del supermercado.

BLANCA: Interesante…

ELLA: Disculpa, necesito cambiarme de ropa.

BLANCA: Una ropa sin manchas…

ELLA: ¿Cómo?

BLANCA: No te has manchado para haber resbalado.

ELLA: Sí…

BLANCA: ¿Qué te dijo esa mujer?

ELLA: Necesito ir a mi habitación.

BLANCA: Puedes hablar mientras…

ELLA: No, no puedo. Ahora, no.

BLANCA: Ten.

ELLA: ¿Qué es esto?

BLANCA: Es de esa mujer.

ELLA: ¿Qué?

BLANCA: Te dejo para que puedas leerla. Y otra cosa: no has resbalado en el río, pero tú sabrás…

23
LAS PALABRAS DE RAQUEL

ELLA: *Deberías pensar seriamente si lo mejor para todos, para mí, como madre a la cual has condenado al peor de los castigos, es que desaparezcas, que te lances delante de un camión o de un tren, o que te rajes el cuerpo hasta que no quede nada de sangre en tu cuerpo; sangre, no: agua podrida. Eso es lo que te corre por las venas. Por favor: muere de una vez. Así, aunque el dolor de nuestra pérdida no nos deje respirar, podremos sacar, poco a poco, la cabeza del agua.*

No te lo voy a permitir. Como vuelva a verte merodeando sabrás lo que es perder la sangre. Y me da igual si estás grabando esta conversación o si tu marido está escuchando que, pobre de él, tiene que aguantarte y eso sí que es una desgracia… No vuelvas a seguirnos y deja en paz a mi hija. Espero que te haya quedado claro: otra carta más y te tragas el papel.

24
ELLOS

ÉL: ¿Te apetece un té?

ELLA: No, prefiero agua.

ÉL: Déjame que revise la…

ELLA: No te preocupes, apenas me duele.

ÉL: No sabes cómo lo siento. Me crees, ¿verdad?

ELLA: No quiero hablar de ello…

ÉL: Como prefieras. ¿Qué es eso?

ELLA: Una carta de Raquel… ¿Quieres beber algo?

ÉL: No…

ELLA: Creo que me voy a poner una copa. ¿Quieres?

ÉL: Déjame leer primero…

ELLA: ¿Qué opinas?

ÉL: Habría que ir a la policía.

ELLA: Estoy de acuerdo.

BLANCA: ¿Dónde vais?

ÉL: A la policía.

BLANCA: No, eso es lo que esa mujer está esperando.

ÉL: Te está amenazando.

BLANCA: No creo que se atreva a hacer nada. Está furiosa, pero su marido no es así y le hará entrar en razón.

ÉL: Y si pasa a los hechos, ¿qué haremos entonces? No conoces tanto a ese hombre…

BLANCA: Es un buen hombre.

ÉL: Que también ha perdido a un hijo. ¿Qué miras?

BLANCA: A ti, ¿no te has dado cuenta aún?

ÉL: Ten, haz lo que quieras.

BLANCA: ¿Qué ha pasado en el río?

ELLA: Hija…

BLANCA: ¿No me lo vas a contar?

ÉL: Nada, no ha pasado nada…

BLANCA: Y lo de la cara, ¿qué es?

ELLA: Hija, por favor…

ÉL: Ha sido sin querer.

ELLA: Así es…

BLANCA: Lo mismo que esta carta.

ELLA: Tu padre no me haría daño nunca…

BLANCA: Hasta que ocurre.

EL: Todas las parejas discuten, pero no es el caso.

BLANCA: ¿En serio? ¿Esa es la razón que me vas a dar?

ÉL: Todo esto es culpa tuya.

BLANCA: Por fin lo has dicho.

ÉL: Deja de provocarme.

ELLA: Calmaos, por lo que más queráis…

BLANCA: ¿Quieres una copa?

ÉL: No necesito beber para decir lo que pienso.

BLANCA: ¿Y bien?

ÉL: ¿Qué esperas escuchar?

ELLA: No, no digas nada...

BLANCA: ¿Vas a pegarme a mí también, sin querer?

ÉL: He hecho todo lo posible por ayudarte, por comprenderte, por alejar todo lo que pudiera hacerte daño, pero solo recibo desprecio.

BLANCA: Y por eso...

ÉL: Y por eso hace mucho que debería haberte dado una buena hostia. Ya desde pequeña fuiste egoísta y descerebrada y ha sido cuestión de tiempo que tus decisiones nos rompan a todos.

ELLA: No sigas...

ÉL: ¿Por qué no? Lo has pensado, desde siempre. Tu hija es una calienta pollas...

ELLA: No, yo no...

ÉL: Luchaba contra tus palabras que también son las mías. Y he pagado contigo mi propia rabia.

ELLA: No puedo seguir con esto. Blanca, no, no te vayas.

ÉL: Déjala... No quiero verla.

ELLA: Míranos... Somos dos monstruos.

ÉL: No, no lo somos. Solo nos estamos defendiendo. Ven... Así, respira conmigo... Debemos abrazarnos más.

25
LAS ÚLTIMAS PALABRAS DE LA PRINCESA

BLANCA: *Aquella princesa / estuvo mil años encerrada en un torre fría y silenciosa / Solo se oía el crujir de su tristeza / el murmullo enfadado de su vida inmóvil / el golpear de su sangre sobre las mañanas estériles.*

ELLA: ¿Puedo pasar?

BLANCA: *La sangre se oscurece en mis venas.*

ELLA: No entiendo lo que dices.

BLANCA: *Una mujer con el esqueleto oxidado.*

ELLA: Déjame entrar, por favor.

BLANCA: *Huesos amontonados en silencio.*

ELLA: No me hagas esto. Necesito hablar contigo.

BLANCA: La princesa está herida de muerte.

ELLA: Dime, ¿qué podemos hacer? Un demonio ha entrado en esta casa y lo está emponzoñando todo. No somos nosotros los que nos comportamos así: es ese demonio. Debemos marcharnos de aquí porque intuyo que esto no va a terminar. Tu padre tenía razón, debemos huir. El demonio quiere machacarnos los huesos hasta que no quede nada de nosotros. ¿Puedes oírme?

BLANCA: ¿Qué clase de mujer eres?

ELLA: No sé a qué te refieres. Abre, por favor.

BLANCA: No te lo has preguntado nunca porque, en realidad, no eres una mujer.

ELLA: ¿Qué soy entonces?

BLANCA: Estás hecha de madera.

ELLA: Como tú digas, pero déjame verte.

BLANCA: Estás hecha de madera y él terminará por quemarte. Da igual que seas una mujer, un hombre o un animal. En cualquier caso, arderás.

ELLA: Nadie va a arder si nos vamos lejos.

BLANCA: Huir no es la solución, lo has dicho muchas veces.

ELLA: Pero esa mujer puede hacernos daño.

BLANCA: Raquel no es ese demonio. Es él, y tú, su muñeco de madera.

ELLA: Vamos, abre, abre…

BLANCA: *El golpear de su sangre*[4].

ELLA: No te entiendo… No llego a entender tus palabras.

BLANCA: Silencio, demonio… silencio.

---

[4] Textos en cursiva: *Gineceo*. Poemario de María Pérez Collados.

26
LA IRA

ÉL: ¿Puedo sentarme? No hace falta que me preste atención. Usted está con su botella ahí, muy tranquilo, relajado. Yo, ya me he bebido la mía. Es patético... muy patético. Soy médico, se lo digo porque si se pone enfermo mi cabeza no está disponible. No, no está disponible. He salido de casa sin saber dónde ir y al final he hecho lo que hacen los patéticos: sentarse en un banco y ahogar sus penas en alcohol... Ahogar las penas; otra frase patética. Ahora me doy cuenta.... Siempre me han dado asco las personas como usted, y míreme... Espero que no se lo tome a mal. Este parque está hecho una porquería. Todo lleno de borrachos y de putas al acecho. Qué asco. Tengo que concentrarme un momento en respirar... una vez, dos veces, tres veces... Bien... todo va bien. Llevo casi dos horas... no, tres horas sin apretar los dientes, pero no consigo que la cabeza se tranquilice. Es como si tuviera su propia boca, sus propias manos... Siento como espasmos. ¿Sabe cómo se llama a este fenómeno? Yo se lo digo... Ira.

La emoción de la ira trata de preparar al organismo para reaccionar ante una situación que es considerada de desprecio u ofensa.

Deja de apretar los dientes...

Deja de morderte la lengua...

Deja de apretar la mandíbula...

No sé qué va a ser de nosotros. ¿Tiene usted familia? ¿No...? Pues no se pierde nada, se lo aseguro. Al final, cuando la novedad termina, todo se transforma en un continuo reto.

Es como una carrera de fondo. Pero estoy cansado, muy cansado y patéticamente borracho.

Respira... Una vez... dos veces...

El otro día leí una historia sobre un profesor que toma clases de boxeo. En principio es un tipo bastante anodino. Pero no va a un gimnasio, no, sino que acude a un matadero abandonado en donde le espera un instructor. Maestro y alumno se van conociendo no solo por la forma de comportarse sino por la manera de luchar, hasta que el alumno arrebata el espacio vital del otro. Vamos, que el maestro se queda jodido porque ha entendido que nunca va a poder dominar a su alumno. Éste se ha convertido en un hombre completamente distinto. Ha conocido la verdadera libertad a través de los golpes. Joder, qué maravilla. Nada más terminar de leer me dieron ganas de aprender, de sentir esa misma sensación. Así que me apuntaré a boxeo....

Vaya, se ha dormido. No me extraña. Jamás en mi vida he hablado así con un desconocido. Deberíamos vernos más a menudo. Eso sí, cuando estemos de patetismo hasta el cuello. Y podré contarle cómo me va con el saco...

La ira está asociada con la rabia, la furia, el resentimiento, la irritabilidad, la hostilidad, la indignación y en sus posiciones más extremas, con la violencia y el odio patológicos.

Aparta los malos pensamientos. Aparta los malos pensamientos. Lo siento, señor...

27
LA FIESTA

Blanca, baila. La música retumba en su interior. Las luces de la pista colorean paredes y suelos. Y su cuerpo. Círculos de luz la observan bailar. Decide acercarse a uno de ellos sin dejar de bailar, de extender los brazos, de abrazarse, de clavar la mirada en la luz. Llega al límite difuso que marca la frontera. Se sumerge en el círculo, sonriente y desinhibida.

BLANCA: Hola, Soy Blanca… encantada… Cuidado, dicen que soy peligrosa… ¿No me crees? Dame tiempo y verás…

28
ÉL

ÉL: Estoy bien. Necesito estar solo un rato. Sí, ya sé que me has llamado muchas veces, pero te pido que no lo hagas más. No lo sé, no sé cuándo voy a volver... Sí, he bebido y he conducido. Soy un médico terrible. No, no te voy a decir dónde estoy... Iré, en algún momento volveré, pero ahora no... Hasta luego.

¿Qué te parece, querido amigo? No puedo salir por ahí solo, lo tengo prohibido, y menos de noche. Voy a ser castigado por atreverme a vivir un rato como a mí me apetece. Tienes que ser buena persona, buen marido, buen padre, buen médico... Pero nadie me ha preguntado si quiero seguir así... siendo bueno. Perdona que me ría, lo siento. Tú estás ahí, disfrutando de un merecido descanso y te estoy molestando con mis problemas. Te envidio, no me pareces patético. No lo eres porque me has hecho un gran favor. Siento si te he ofendido y también siento los puñetazos. Encontrarme contigo me ha ayudado mucho a ver las cosas de otra manera, y no lo voy a olvidar. Un demonio me ha robado la sangre y los pensamientos y todo se ha transformado. Él me ha hecho traspasar todas las capas. Y la verdad te libera o te hunde para siempre... Joder, otra frase patética. Tú, ¿qué opinas? En fin... debemos despedirnos ya, este calor no es nada saludable. Sigue durmiendo, y procura no beber tanto. Intuyo que no vas a aguantar mucho más.

29
ELLAS

ELLA: ¿Dónde has estado? Estaba enferma de inquietud.

BLANCA: Por ahí.

ELLA: Los dos os habéis marchado…

BLANCA: Así has podido escribir.

ELLA: No es nada fácil cuando tu familia se larga dejándote sola.

BLANCA: Deberías salir y divertirte…

ELLA: Igual que tú.

BLANCA: Exacto. No hay nada mejor que una buena música y mucho alcohol.

ELLA: Ya…Pero olvidas que estás a la espera de juicio…

BLANCA: …Y la carita feliz.

ELLA: ¿Qué es eso?

BLANCA: Pregúntale a tu marido, él te lo explicará.

ELLA: Mi marido es tu padre. Ten un poco de respeto.

BLANCA: Tu marido piensa que soy… ¿cómo era? Ah, sí: una calientapollas. Como comprenderás, la tasa de respeto mutuo se ha agotado. Y tampoco voy a respetar a un hombre que maltrata a su mujer.

ELLA: Fue un accidente.

BLANCA: No quieres ver las cosas, aunque te las enseñen a golpes.

ELLA. No vuelvas a salir sin decírmelo. Te la estás jugando. ¿Acaso no ves lo que está pasando? Según tú, la ciega soy yo...

BLANCA: Voy a darme una ducha.

ELLA: No sé cómo llegar hasta ti.

BLANCA: Ya empezamos...

ELLA: Claro que sí; las veces que hagan falta. ¿Qué te crees? ¿Dónde estás? En vez de hacerte cargo prefieres dar la razón al resto del mundo con tu conducta y, de paso, arrollarnos a nosotros. No eres una jodida adolescente, tienes veinticinco años y estás en libertad provisional con cargos porque aún tienen que demostrar que lo mataste en defensa propia.

BLANCA: Y así fue...

ELLA: Sí, pero tienes un problema muy serio. ¿O es que no escuchaste a la abogada? Necesidad racional del medio empleado para impedirla o repelerla, eso es lo que dijo. Esto no va de contar la verdad, sino de lo que se puede demostrar.

BLANCA: ¿Y qué?

ELLA: Le clavaste un cuchillo siete veces.

BLANCA: Las que hicieron falta para que dejara de apretarme el cuello. Me estaba estrangulando, joder.

ELLA: ¿Y qué pasa con ese Juan?

BLANCA: Nada...

ELLA: ¿El vaso que le rompiste en la cabeza no es nada? Cuando sales te transformas en una psicópata, ¿es eso?

BLANCA: No digas estupideces.

ELLA: Entonces, cuéntamelo. ¿Dónde está la hija que lee en alto, que le roba escritos a su madre? ¿Dónde está la persona que contempla el mundo y es capaz de describirlo con belleza? ¿Dónde está la mujer que sabe hacerse valorar y respetar?

BLANCA: La he matado.

30
ELLOS

ÉL: Silencio…

ELLA: Por fin has decidido volver.

ÉL: ¿Lo oyes?

ELLA: ¿Qué?

ÉL: Es posible recuperarlo.

ELLA: No te entiendo.

ÉL: El silencio.

ELLA: ¿Qué te has tomado? ¿Qué te ha pasado en las manos?

ÉL: Necesito dormir.

ELLA: No me vas a decir nada…

ÉL: Y darme una ducha.

ELLA: Como quieras.

ÉL: ¿Queda limonada?

ELLA: No.

ÉL: Lástima, me apetecía…

ELLA: Acuéstate. Yo saldré a dar un paseo. Hasta luego.

ÉL: Una resaca se refiere a los síntomas desagradables que una persona experimenta después de tomar mucho alcohol. Los síntomas pueden incluir:

Dolor de cabeza y mareos.
Náusea.

Fatiga.

Sensibilidad a la luz y al sonido.

Latidos cardíacos rápidos.

Depresión, ansiedad e irritabilidad.

Ciertas medidas, como jugos de fruta o miel, se han recomendado para tratar una resaca. Sin embargo, hay muy poca evidencia científica que demuestre que dichas medidas sirvan. La recuperación de una resaca por lo regular simplemente es cuestión de tiempo. La mayoría de las resacas desaparecen al cabo de 24 horas.

Las soluciones electrolíticas (como bebidas para deportistas) y un consomé son buenos para reponer las sales y el potasio que se pierden por el consumo de alcohol.

Descansar lo suficiente. Incluso si usted se siente bien a la mañana siguiente después del consumo de una abundante cantidad de alcohol, los efectos duraderos de este disminuirán su capacidad para desempeñarse en forma óptima.

Evite tomar cualquier medicamento para la resaca que contenga paracetamol dado que puede causar daño hepático cuando se combina con alcohol[5].

Y el silencio.

---

[5]https://www.niaaa.nih.gov/

31
LA PRINCESA (III)

BLANCA: *Todo el cielo estaba horrorizado ante tanta crueldad / Pero qué podía hacer ella / Quizás tejer su pelo / Quizás soñar un príncipe / Sí, pensaba la princesa / Podría haber construido un príncipe / Con cortezas de árbol y piedras su estructura / Así que la princesa rompía en trocitos pequeños las hojas secas / Y les daba la espalda a las aves pequeñas que querían picar su alma / No fuera a ser que el príncipe creciera poco a poco / Hecho de la leve materia que invadía los rincones*[6].

Sé qué me espera. Una torre para mí sola, una torre alta e inexpugnable. Una torre con una pequeña almena sin apenas un resquicio que deje pasar la luz. Seré una princesa sola y humillada por el mundo por el mero hecho de no dejar que la empujen al vacío. Decidir no es siempre ganar. En mi caso ha sido perder, y perderme. Creí saber nadar en estas aguas, pero siempre son los mejores nadadores los que se ahogan primero. No habrá ventanas en la almena que me permitan alzar el vuelo. Ya no hay posibilidad; me han quemado las alas y lo único que me queda es dejar que las aguas se traguen mi cuerpo… perder y perderme.

---

[6] *Gineceo*. Poemario de María Pérez Collados.

32
RAQUEL

ELLA: Gracias por acceder a vernos. He venido a decirte que siento todo lo que ha pasado. Sé que nada de lo que pueda hacer te va a ayudar, pero necesito que sepas que lo siento. Creo que lo más justo es que Blanca sea declarada culpable. Eso no te devolverá a tu hijo, pero se hará justicia. He defendido a mi hija contra viento y marea, pero es inevitable que acabe en la cárcel. Por su bien y por nosotros. Como madre se me parte el pecho, pero no hemos sabido educarla. No queríamos hacerle comprender que debía tener miedo, que debía estar alerta; al contrario, nos esmeramos en que supiese en todo momento quién es, que fuese responsable, y que debía ser respetada, siempre. Pero nos equivocamos. No le enseñamos que tenía que vivir con miedo… eso es lo que el mundo obliga a hacer. No consiente que una mujer avance sola. Un singular combate. Hasta siempre, Raquel.

33
LE PRENDÍ FUEGO A LA LLUVIA

BLANCA: Aquí acaba todo. El mundo me empuja a hacerlo. De nada sirve explicar que has estado entre las manos de un hombre que trataba de destruirte y que tienes derecho a defenderte. Porque eso es lo que hice y, según la justicia, debería haber contado el número de heridas... Siete veces son demasiadas, quizá una, o dos, tres como mucho, pero nunca siete. Nunca llegar al límite, aunque tu límite para aguantar la humillación ya esté desbordado. Le prendí fuego a la lluvia por ti, querida princesa. Un último esfuerzo, princesa. No hay lluvia para mí, pero sí toda el agua del río.

34
JUNTOS (IV)

ÉL: Hola.

ELLA: Hola. ¿Estás mejor?

ÉL: Sí.

ELLA: No he preparado nada para comer.

ÉL: Podemos salir.

ELLA. No, haré cualquier cosa. ¿Te duele?

ÉL: Lo siento, lo siento…

ELLA: ¿Qué te ocurre? No llores…

ÉL: Me he portado como un salvaje.

ELLA: Todos hemos perdido el control.

ÉL: Le he hecho daño a un hombre.

ELLA: ¿Cómo? ¿Por qué?

ÉL: Perdí la cabeza. Toda esta situación me ha demostrado que, en realidad, no soy mejor que…

ELLA: Cálmate y dime qué ha pasado.

ÉL: Me encontré con un hombre, con un vagabundo. Empezamos a hablar y… supongo que el alcohol y la tensión jugaron conmigo. Le pegué varias veces…

ELLA: ¿Lo has…?

ÉL: No… Nunca creí ser capaz de llegar a esto, pero ha ocurrido.

ELLA: No hay excusa…

ÉL: No, no hay excusa.

ELLA: ¿Qué vas a hacer?

ÉL: Estoy paralizado.

ELLA: Tienes que hacer lo correcto.

ÉL: Sí…

ELLA: Te acompañaré.

ÉL: Tengo mucho miedo.

ELLA. Vamos, lo haremos juntos.

35
SACRIFICIO

Blanca contempla el río. El sol está en su cenit. Hay un silencio extraño que lo ocupa todo. Solo se escucha el fluir del agua. Respira hondo. Mira a su alrededor. Y lentamente, con el silencio como testigo, hunde su cuerpo en el río.

36
EPÍLOGO

El cuerpo de Blanca fue hallado dos días después. Durante esas horas, fue reclamada para la celebración del juicio.

Ella nunca denunció la agresión sufrida al considerar que fue un hecho aislado y fortuito.

Cinco meses después de la muerte de Blanca, se separaron de mutuo acuerdo.

FINAL

ÍNDICE

UN DESAFÍO A LA NARRATIVA DE LA VÍCTIMA PERFECTA 11

SILENCIO DEFINITIVO 17

LA PRINCESA SIN PRÍNCIPE, BUSCA VISUALIZACIONES 23

1 - JUNTOS 33

2 - BLANCA 34

3 - JUNTOS (II) 35

4 - ELLA 37

5 - BLANCA Y ÉL 38

6 - EL MUNDO 40

7 - ELLA (II) 41

8 - LA MADRE Y ELLOS 42

9 - ÉL 44

10 - LA PRINCESA 47

11 - ELLA Y ÉL 48

12 - RECORDANDO A RAQUEL 53

13 - LA PRINCESA (II) 55

14 - JUNTOS Y EL MUNDO 57

15 - SOBRE EL RECUERDO 60

16 - ÉL (II) 62

17 - EL RÍO 63

18 - BLANCA Y RAQUEL 65

19 - EL RÍO (II) 66
20 - JUNTOS (III) 69
21 - ELLA (II) 73
22 - ELLA Y BLANCA 74
23 - LAS PALABRAS DE RAQUEL 76
24 - ELLOS 77
25 - LAS ÚLTIMAS PALABRAS DE LA PRINCESA 80
26 - LA IRA 82
27 - LA FIESTA 84
28 - ÉL 85
29 - ELLAS 86
30 - ELLOS 89
31 - LA PRINCESA (III) 91
32 - RAQUEL 92
33 - LE PRENDÍ FUEGO A LA LLUVIA 93
34 - JUNTOS (IV) 94
35 - SACRIFICIO 96